CB079823

Para:

De:

Título original: *Listen to your angel*
Texto original: Julie Mitchell Marra
Edição original: C.R. Gibson Company, Norwalk, Connecticut
Edição: Lidia María Riba • Tradução: Adriana Toledo de Almeida
Direção de arte: Trini Vergara • Desenho: María Inés Linares

www.livropresente.com

Rua José Felix de Oliveira, 1205 - CEP 06708-645 - Granja Viana - Cotia - SP
Tel./Fax: (55-11) 4612-2866
e-mail: editoras@livropresente.com.br

ISBN: 978-85-87213-35-8

Impresso em Espanha.
Printed in Spain.

Marra, Julie Mitchell
Confie em você / textos de Julie Mitchell Marra; fotografias de Kim Anderson;
[tradução AdrianaToledo de Almeida].
Cotia, SP: Vergara & Riba Editoras, 2004. (Coleção livro presente)

Título original: *Listen to your angel.*
1ª reimpr. da 3ª ed. de 2004.

ISBN 978-85-87213-35-8

1. Auto-confiança 2. Auto-estima 3. Máximas
I. Anderson, Kim. II. Título. III. Série.
04-5528
CDD-818

Confie em você

Fotografias de

Kim Anderson

Textos de Julie Mitchell Marra

V&R
EDITORAS

Seu coração
guarda, bem escondidinhos,
seus sonhos.

Hoje é o dia de começar
a torná-los realidade.

Este é o desafio mais importante
que a vida lhe propõe.

Diferentes caminhos
abrem diante de você
infinitas possibilidades
e só você pode escolher
para onde dirigir seus passos.

Seus desejos talvez estejam ainda
sem explorar, talvez lhe custe ainda dizê-los,
dar-lhes uma definição precisa
ou sequer imaginar o que você deseja
para si no futuro.

Você sabe, sim,
com íntima certeza
que deseja algo diferente
ao que tem hoje;
que sua meta não se parecerá
a nenhuma outra...

Sabe, inclusive, que esta meta será
melhor que aquela que desejam para você
os que lhe querem muito...
porque será sua.

Mas, às vezes,
seu coração guarda também,
junto a seus sonhos,
silenciosos medos.

Medo do desconhecido,
medo de fracassar,
medo de crescer,
medo de percorrer o caminho
na solidão...

Então, quando lhe parecer difícil
enfrentar o mundo exterior,
quando você sentir que a pressão
lhe é quase insuportável...

busque a força em seu interior.

Encontre
um momento de paz
para meditar sobre o caminho
de onde vem
e o lugar para onde quer ir.

Você vai descobrir que
o poder de gerar a mudança
está dentro de você.

Você é uma pessoa única...

capaz de alcançar todas as metas
a que você se propuser,
por mais difíceis que sejam,
por mais incertas que lhe pareçam.

Sua coragem e seu entusiasmo
são os recursos com que você conta
para chegar à vitória.

Nunca acredite que suas armas,
por serem poucas, são ineficazes:
nada é mais forte que seu pensamento,
nada é mais seguro
para alcançar o que você deseja
que sua convicção de que você
conseguirá o que quer.

Se outros conseguiram alcançar
objetivos parecidos como os seus,
isto significa para você
que é possível fazê-lo;

se ninguém, até hoje,
pôde conseguir o que você sonha,
seu desafio será maior,
mas nunca acredite
que isso o torna impossível.

Em alguns momentos,
a preocupação vai frear sua marcha,
mas quando chegar a calma
depois da tempestade,
você vai começar a ver
com novos olhos todos os dons
que recebeu na vida.

Quando duvidar de você,
quando sentir que está a ponto de desmaiar,
não permita que o desânimo
lhe faça perder o rumo.
Concentre-se em seu objetivo
e vá a caminho de sua meta.

Quando você
se deparar com obstáculos
que pareçam abrumadores,

busque um novo rumo
e marche em uma nova direção.
É possível que encontre
uma maravilhosa surpresa
esperando você em seu caminho.

Você tem o poder de fazer
de seu próprio mundo um lugar melhor.

Você decide a cada instante
até onde orientar suas atitudes.
Se seus pensamentos forem positivos,
fará que o mundo também o seja.

Lembre-se que cada bifurcação
obrigará você a escolher
entre um caminho e outro;

não esqueça que para levar um sonho
ao limite de sua conquista,
terá, talvez, que abandonar outro.

Estas escolhas quase nunca são fáceis;
algumas vezes você desejará inclinar-se
simplesmente pelo sonho mais fácil:
outras, tentará silenciar seus desejos mais profundos
trocando-os por uma rotina cômoda...

Mas chegará o momento
em que você deverá
tomar suas decisões.

Pense bem na conseqüência
que cada uma delas terá
em seu amanhã,
deixe-se guiar pela intuição:
confie em seu coração.

Entoe sua própria canção
com a segurança de que existe
em seu interior
uma linda melodia.
Divida-a com o mundo!

Prepare-se para o sucesso...
explore suas oportunidades...
viva plenamente cada momento...
pense que cada passo
é valioso em si mesmo
e, ao mesmo tempo,
que o aproxima um pouco mais
de sua meta.

Você precisará
tanto de paciência
quanto de vontade
para alcançar seu objetivo...

Se você vislumbra claramente esse
sonho em seu horizonte,
mas lhe parece que ele se distancia
em vez de se aproximar,
tenha a certeza de que,
se você continuar buscando as estrelas,
elas brevemente serão suas.

Persiga, sem desistir,
todos os seus sonhos.

Sua vida se verá enriquecida,
as portas se abrirão para você
e você alcançará cada uma de suas metas.

*Escute seu coração.
Confie em você.*

Sua opinião é muito importante para nós!

Escreva-nos um e-mail a **opiniao@livropresente.com.br**
com o título deste livro no "Assunto".

www.livropresente.com